Carambola tre sponde: Modelli di cerchi di piccole dimensioni

Dai tornei di campionato professionale

Mettiti alla prova contro i giocatori professionisti

Allan P. Sand
PBIA Istruttore di biliardo certificate

ISBN 978-1-62505-313-8
PRINT 7x10
ISBN 978-1-62505-467-8
PRINT 8.5x11

First edition

Published by Billiard Gods Productions.
Santa Clara, CA 95051
U.S.A.

For the latest information about books and videos, go to: http://www.billiardgods.com

Acknowledgements
Wei Chao created the software that was used to create these graphics.

Sommario

Introduzione **1**

Informazioni sui layout della tabella 1

Istruzioni per la configurazione della tabella 2

Scopo dei layout 2

A: 11/4 tavolo **3**

A: Gruppo 1 3

A: Gruppo 2 8

A: Gruppo 3 13

B: 1/8 tavolo **18**

B: Gruppo 1 18

B: Gruppo 2 23

C: Forza la palla in avanti **28**

C: Gruppo 1 28

C: Gruppo 2 33

D: All'interno al contrario **38**

D: Gruppo 1 38

D: Gruppo 2 43

E: Prima tappa (estesa) **48**

E: Gruppo 1 48

E: Gruppo 2 53

E: Gruppo 3 58

F: Terza tappa (estesa) **63**

F: Gruppo 1 63

F: Gruppo 2 68

F: Gruppo 3 73

Other books by the author …

    3 Cushion Billiards Championship Shots (a series)

    Carom Billiards: Some Riddles & Puzzles

    Carom Billiards: MORE Riddles & Puzzles

    Why Pool Hustlers Win

    Table Map Library

    Safety Toolbox

    Cue Ball Control Cheat Sheets

    Advanced Cue Ball Control Self-Testing Program

    Drills & Exercises for Pool & Pocket Billiards

    The Art of War versus The Art of Pool

    The Psychology of Losing – Tricks, Traps & Sharks

    The Art of Team Coaching

    The Art of Personal Competition

    The Art of Politics & Campaigning

    The Art of Marketing & Promotion

    Kitchen God's Guide for Single Guys

Introduzione

Questo è uno di una serie di libri di carambola 3 sponde che mostrano come i giocatori professionisti prendono decisioni, in base alla disposizione della tabella. Tutti questi layout provengono da competizioni internazionali.

Questi layout ti mettono dentro la testa del giocatore, cominciando dalle posizioni delle palle (mostrate nella prima tabella). La seconda tabella mostra ciò che il giocatore ha deciso di fare.

Informazioni sui layout della tabella

Queste sono le tre palle sul tavolo:

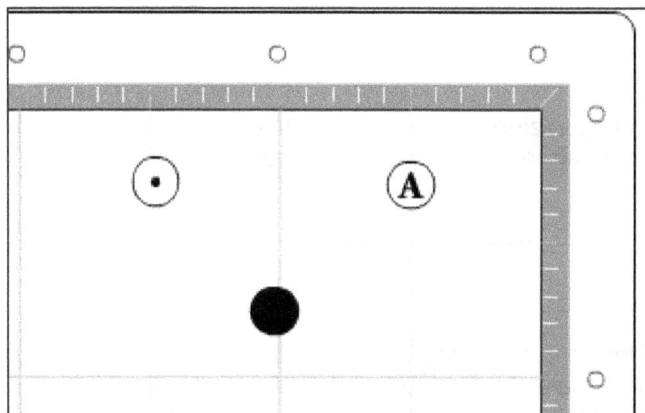

(A) (CB) (la tua palla da biliardo)

⊙ (OB) (palla da biliardo dell'avversario)

● (OB) (palla da biliardo rossa)

Ogni configurazione ha due layout di tabella. La prima tabella è la posizione della palla. Il secondo tavolo è come le palle si muovono sul tavolo.

Istruzioni per la configurazione della tabella

Utilizzare anelli di rilegatura in carta per contrassegnare le posizioni della palla (acquistare presso qualsiasi negozio di forniture per ufficio).

Metti una moneta su ciascun cuscino del tavolo che la (CB) toccherà.

Confronta il tuo percorso (CB) con la configurazione della seconda tabella. Per imparare, potresti aver bisogno di diversi tentativi. Dopo ogni errore, effettuare la regolazione e riprovare finché non si ha successo.

Scopo dei layout

Questi layout sono forniti per due scopi.

- La tua analisi - A casa, puoi considerare come riprodurre la configurazione sul primo tavolo. Confronta le tue idee con il modello attuale sul secondo tavolo. Pensa alla tua soluzione e considera le opzioni. Dalla seconda tabella, puoi anche analizzare come seguire il modello. Mentalmente fai lo sparo e decidi come puoi avere successo.

- Esercitare la configurazione del tavolo - Posizionare le sfere in posizione, in base alla configurazione della prima tabella. Prova a scattare allo stesso modo del secondo modello di tavolo. Potresti aver bisogno di molti tentativi prima di trovare il modo corretto di giocare. È così che puoi imparare e giocare questi colpi durante le competizioni e i tornei.

La combinazione di analisi mentale e pratica pratica ti renderà un giocatore più intelligente.

A: 1/4 tavolo

La (CB) si sposta all'interno di un quarto dell'area del tavolo. Il (CB) si stacca dal primo (OB) e nel sponde lungo, il sponde corto e il sponde lungo opposto. Quindi, (CB) contatta l'altro (OB).

(A) (CB) (la tua palla) - (•) (OB) (palla dell'avversario) - ● (OB) (palla rossa)

A: Gruppo 1

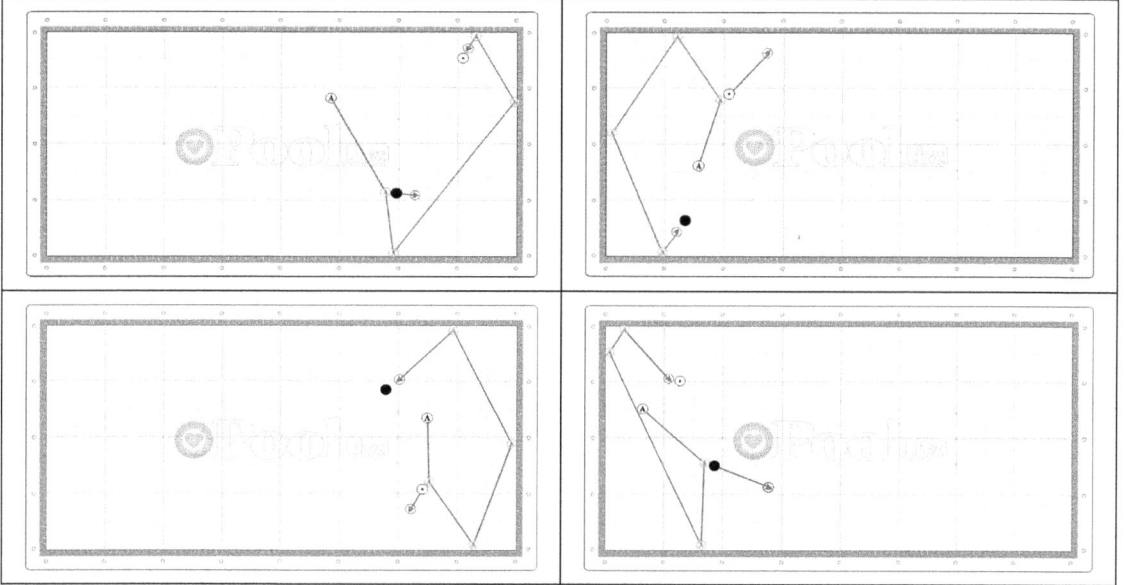

Analisi:

A:1a. _____

A:1b. _____

A:1c. _____

A:1d. _____

A:1a – Impostare

Note e idee:

Modello di colpo

A:1b – Impostare

Note e idee:

Modello di colpo

C:1c – Impostare

Note e idee:

Modello di colpo

A:1d – Impostare

Note e idee:

Modello di colpo

A: Gruppo 2

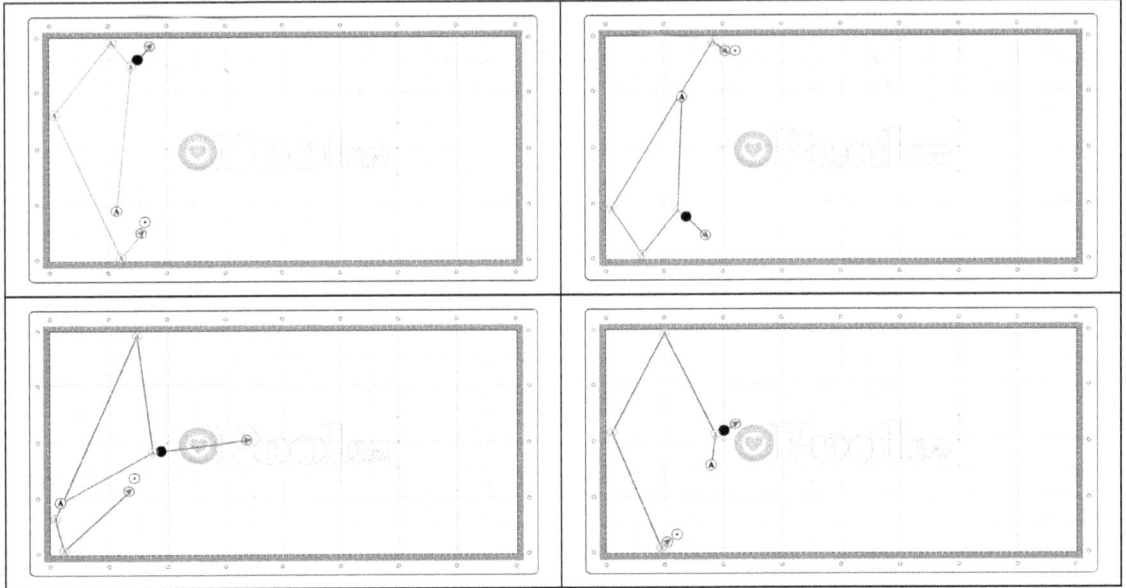

Analisi:

A:2a. _____

A:2b. _____

A:2c. _____

A:2d. _____

A:2a – Impostare

Note e idee:

Modello di colpo

A:2b – Impostare

Note e idee:

Modello di colpo

A:2c – Impostare

Note e idee:

Modello di colpo

A:2d – Impostare

Note e idee:

Modello di colpo

A: Gruppo 3

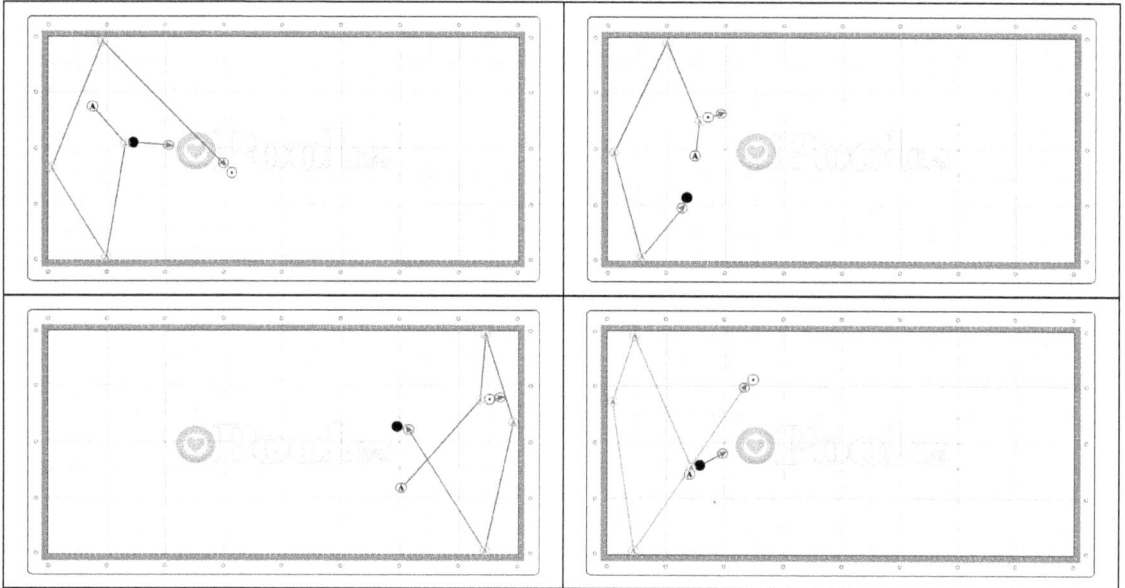

Analisi:

A:3a. _____

A:3b. _____

A:3c. _____

A:3d. _____

A:3 – Impostare

Note e idee:

Modello di colpo

A:3b – Impostare

Note e idee:

Modello di colpo

A:3c – Impostare

Note e idee:

Modello di colpo

A:3d – Impostare

Note e idee:

Modello di colpo

B: 1/8 tavolo

Il (CB) viaggia in un piccolo ottavo dell'area del tavolo.

(A) (CB) (la tua palla) - (⊙) (OB) (palla dell'avversario) - ● (OB) (palla rossa)

B: Gruppo 1

Analisi:

B:1a. _____

B:1b. _____

B:1c. _____

B:1d. _____

B:1a – Impostare

Note e idee:

Modello di colpo

B:1b – Impostare

Note e idee:

Modello di colpo

B:1c – Impostare

Note e idee:

Modello di colpo

B:1d – Impostare

Note e idee:

Modello di colpo

B: Gruppo 2

Analisi:

B:2a. _____

B:2b. _____

B:2c. _____

B:2d. _____

B:2a – Impostare

Note e idee:

Modello di colpo

B:2b – Impostare

Note e idee:

Modello di colpo

B:2c – Impostare

Note e idee:

Modello di colpo

B:2d – Impostare

Note e idee:

Modello di colpo

C: Forza la palla in avanti

Dopo i contatti (CB) il primo spin (OB), (CB) in alto forza la palla in avanti nel modello.

(A) (CB) (la tua palla) - ⊙ (OB) (palla dell'avversario) - ● (OB) (palla rossa)

C: Gruppo 1

Analisi:

C:1a. _____

C:1b. _____

C:1c. _____

C:1d. _____

C:1a – Impostare

Note e idee:

Modello di colpo

C:1b – Impostare

Note e idee:

Modello di colpo

C:1c – Impostare

Note e idee:

Modello di colpo

C:1d – Impostare

Note e idee:

Modello di colpo

C: Gruppo 2

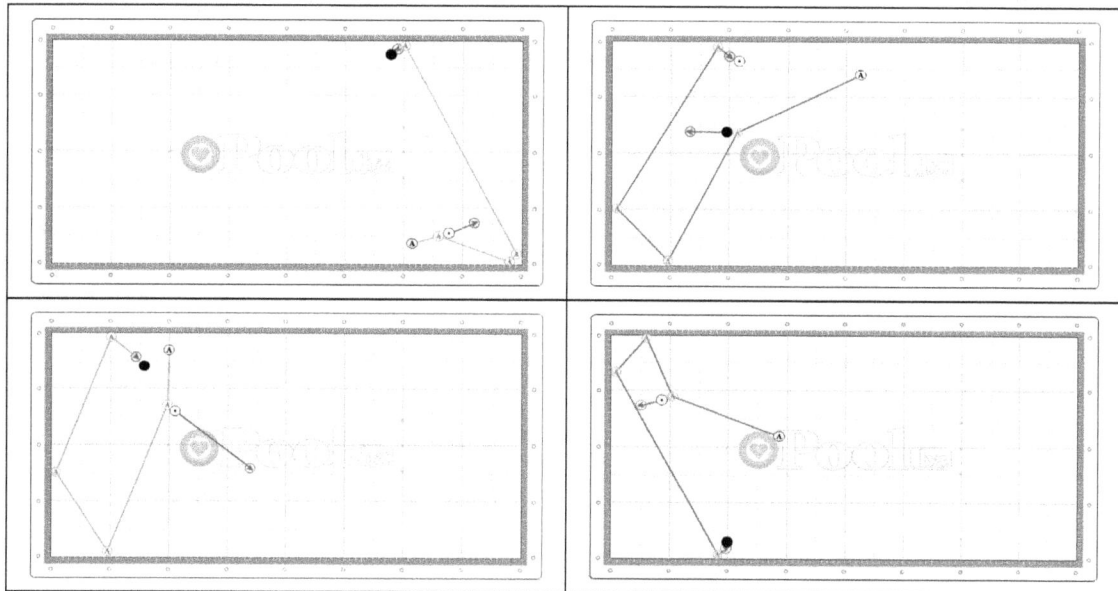

Analisi:

C:2a. _____

C:2b. _____

C:2c. _____

C:2d. _____

C:2a – Impostare

Note e idee:

Modello di colpo

C:2b – Impostare

Note e idee:

Modello di colpo

C:2c – Impostare

Note e idee:

Modello di colpo

C:2d – Impostare

Note e idee:

Modello di colpo

D: All'interno al contrario

Il (CB) si stacca dal primo (OB) con una combinazione di rotazione laterale e inversa.

Ⓐ (CB) (la tua palla) - ⊙ (OB) (palla dell'avversario) - ⬤ (OB) (palla rossa)

D: Gruppo 1

Analisi:

D:1a. _____

D:1b. _____

D:1c. _____

D:1d. _____

D:1a – Impostare

Note e idee:

Modello di colpo

D:1b – Impostare

Note e idee:

Modello di colpo

D:1c – Impostare

Note e idee:

Modello di colpo

D:1d – Impostare

Note e idee:

Modello di colpo

D: Gruppo 2

Analisi:

D:2a. _____

D:2b. _____

D:2c. _____

D:2d. _____

D:2a – Impostare

Note e idee:

Modello di colpo

D:2b – Impostare

Note e idee:

Modello di colpo

D:2c – Impostare

Note e idee:

Modello di colpo

D:2d – Impostare

Note e idee:

Modello di colpo

E: Prima tappa (estesa)

Il (CB) percorre una lunga distanza per arrivare al primo (OB).

(A) (CB) (la tua palla) - (OB) (palla dell'avversario) - ● (OB) (palla rossa)

E: Gruppo 1

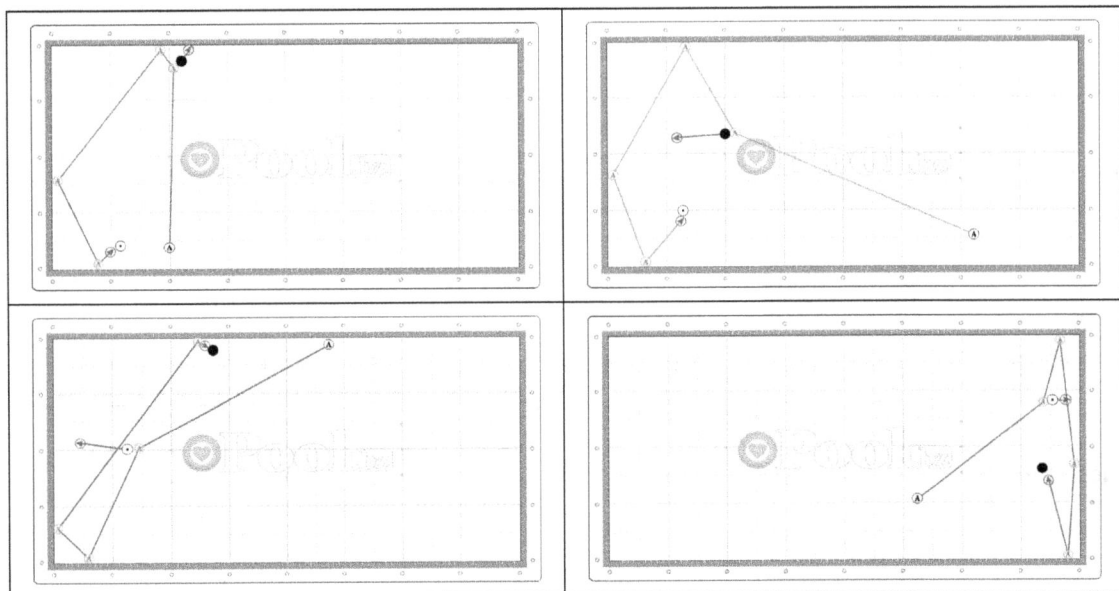

Analisi:

E:1a. _____

E:1b. _____

E:1c. _____

E:1d. _____

E:1a – Impostare

Note e idee:

Modello di colpo

E:1b – Impostare

Note e idee:

Modello di colpo

E:1c – Impostare

Note e idee:

Modello di colpo

E:1d – Impostare

Note e idee:

Modello di colpo

E: Gruppo 2

Analisi:

E:2a. _____

E:2b. _____

E:2c. _____

E:2d. _____

E:2a – Impostare

Note e idee:

Modello di colpo

E:2b – Impostare

Note e idee:

Modello di colpo

E:2c – Impostare

Note e idee:

Modello di colpo

E:2d – Impostare

Note e idee:

Modello di colpo

E: Gruppo 3

Analisi:

E:3a. _____

E:3b. _____

E:3c. _____

E:3d. _____

E:3a – Impostare

Note e idee:

Modello di colpo

E:3b – Impostare

Note e idee:

Modello di colpo

E:3c – Impostare

Note e idee:

Modello di colpo

E:3d – Impostare

Note e idee:

Modello di colpo

F: Terza tappa (estesa)

Dopo che il (CB) si stacca dal primo (OB), entra nel lungo sponde. Entra nel piccolo sponde e nel lungo sponde, quindi percorre una lunga distanza dall'altro (OB).

(A) (CB) (la tua palla) - (·) (OB) (palla dell'avversario) - ● (OB) (palla rossa)

F: Gruppo 1

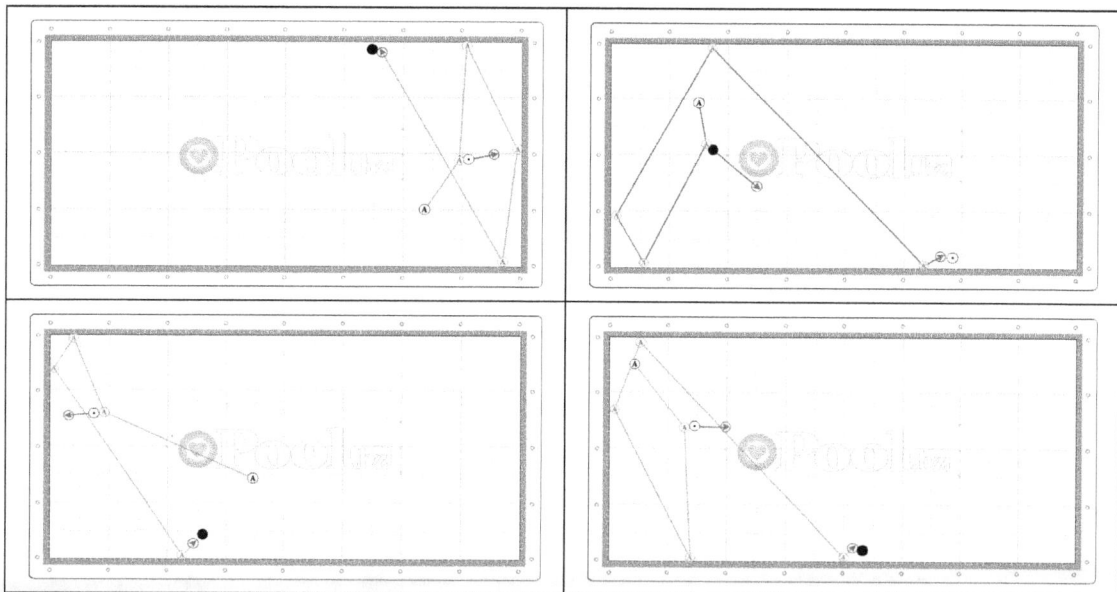

Analisi:

F:1a. _____

F:1b. _____

F:1c. _____

F:1d. _____

F:1a – Impostare

Note e idee:

Modello di colpo

F:1b – Impostare

Note e idee:

Modello di colpo

F:1c – Impostare

Note e idee:

Modello di colpo

F:1d – Impostare

Note e idee:

Modello di colpo

F: Gruppo 2

Analisi:

F:2a. _____

F:2b. _____

F:2c. _____

F:2d. _____

F:2a – Impostare

Note e idee:

Modello di colpo

F:2b – Impostare

Note e idee:

Modello di colpo

F:2c – Impostare

Note e idee:

Modello di colpo

F:2d – Impostare

Note e idee:

Modello di colpo

F: Gruppo 3

Analisi:

F:3a. _____

F:3b. _____

F:3c. _____

F:3d. _____

F:3a – Impostare

Note e idee:

Modello di colpo

F:3b – Impostare

Note e idee:

Modello di colpo

F:3c – Impostare

Note e idee:

Modello di colpo

F:3d – Impostare

Note e idee:

Modello di colpo

www.ingramcontent.com/pod-product-compliance
Lightning Source LLC
Chambersburg PA
CBHW062053090426
42740CB00016B/3118